n° 27/17079

AF336936

NOTICE

SUR

FRANÇOIS-JUSTE-MARIE RAYNOUARD,

PAR

Le baron De Reiffenberg,

De l'académie royale de Bruxelles, de l'institut de France, des académies de Berlin, Turin, etc.

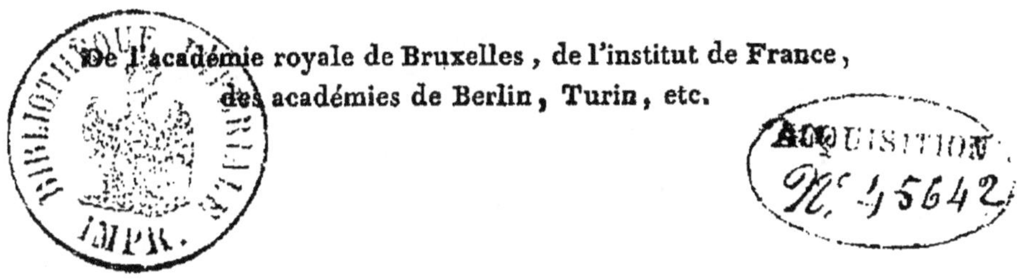

BRUXELLES,

M. HAYEZ, IMPRIMEUR DE L'ACADÉMIE ROYALE.

—

1839.

A LA MÉMOIRE

DE

FRANÇOIS-JUSTE-MARIE RAYNOUARD,

CORRESPONDANT DE L'ACADÉMIE DE BRUXELLES,
DÉCÉDÉ LE 28 OCTOBRE 1836 (1).

Messieurs,

Dans ses lumineux rapports M. le secrétaire-perpétuel
vous a rappelé, à plusieurs reprises, que l'académie ne
s'applique pas seulement à s'enrichir des noms les plus
distingués parmi ceux dont s'honore le pays, mais qu'en
étendant au dehors le cercle de ses relations, elle s'efforce
d'intéresser à ses travaux de grandes renommées européen-
nes. C'est ainsi que MM. De Humboldt, Arago, Berzelius,

(1) Cette notice a été imprimée, mais très-incorrectement, dans
l'*Indépendant* du 24 décembre 1838. Elle avait été lue à la séance
publique de l'académie. le 16 du même mois.

Bouvard, de Candole, Geoffroy de St.-Hilaire, Herschel, Plana, Tiedemann, Cousin, Daunou, Raynouard, de Sacy, Wilken et bien d'autres qui se soutiennent avec avantage à côté de ces hommes supérieurs, ont laissé tomber sur nous quelques rayons de leur gloire et consenti à partager nos recherches quelquefois, à les faciliter toujours.

Mais si l'académie a fait des conquêtes dont elle a le droit d'être fière, elle a essuyé aussi des pertes dont rien ne saurait effacer le souvenir. Les corps qui ne meurent pas, n'en reçoivent pas moins de la mort de profondes et cruelles blessures.

Un des événemens les plus douloureux qui nous aient frappés, est sans contredit le décès de M. Raynouard. En payant à sa mémoire le tribut des regrets de l'académie, j'acquitte une dette à la fois publique et personnelle. S'il me manque la pénétration nécessaire pour apprécier l'étendue et la variété de ses talens, il m'a été impossible de ne pas connaître son cœur, au fond duquel il m'a si souvent permis de lire.

Il est d'usage dans plusieurs sociétés littéraires de réciter en l'honneur des membres défunts, certains discours d'apparat, décorés du titre d'*éloges*; dénomination qui semble exclure la vérité en ce qu'elle détermine d'avance le point de vue où se placera l'orateur. D'ailleurs elle suppose beaucoup d'art et d'éloquence, et je n'apporte dans cette assemblée que de simples paroles inspirées par une estime franche et naïve, incapable de se surfaire l'objet de sa vénération, plutôt que par une rhétorique astucieuse dont l'adresse brille surtout dans la fiction et l'hyperbole.

François-Juste-Marie Raynouard naquit à Brignolle, en Provence, cette patrie des troubadours dont il devait être l'historien. Le nom de Raynouard est lui-même fameux dans les épopées romanes sur lesquelles l'illustre littérateur a appelé la sympathie de ses compatriotes. Ce fut le 18 septembre 1761 qu'il vit le jour. Voltaire était encore dans sa force, il venait de donner *Tancrède*, il était sur le point de défendre Calas, qui appartenait aussi au midi de la France, et le bruit de sa célébrité frappa l'auteur des *Templiers*, lorsqu'il commença à se livrer à l'étude des grands écrivains de sa nation. Difficilement s'effacent des impressions de cette nature ; il est rare au contraire qu'elles n'exercent pas sur la carrière d'un écrivain une influence durable ; Raynouard, auteur tragique, est de l'école de Voltaire.

Cependant, ses premiers pas dans la vie semblaient le détourner du but vers lequel il se dirigea constamment par la suite. Soit pour complaire à sa famille, soit par goût, soit par prévoyance, il embrassa une profession qui s'apprêtait à s'emparer de la société. Faut-il s'en étonner ? Lorsque des luttes politiques vont s'engager, l'attention se porte tout d'abord sur des hommes rompus à la gymnastique du barreau, conseils et directeurs habituels de la multitude. Une fois dans les assemblées délibérantes, ils les dominent par l'assurance et la facilité de la parole ; mais s'ils ont rendu par là d'éminens services, n'est-il pas permis d'ajouter qu'ils n'ont pas médiocrement contribué à introduire dans les hautes questions, un esprit de chicane, de sophisme et de tracasserie, indigne de la majesté parlementaire, et qui a traîné maint peuple, à travers des discussions oiseuses et puériles, jusqu'à l'indifférence la plus complète et la plus déplorable ?

Raynouard se fit avocat dans un moment où la cause de la

monarchic allait être plaidée devant le peuple. Un change-
ment était devenu inévitable ; il n'était pas d'âme droite et
élevée qui pût supporter plus long-temps le désordre orga-
nisé , le despotisme élégant et dégagé qu'on nommait dans
les salons et dans les bureaux le royaume de France et de
Navarre. Raynouard se prononça donc en faveur des principes de la révolution , et fut nommé , en 1791 , suppléant à
l'Assemblé Législative. Mais quand il vit que le meurtre et
la dévastation prenaient la place de la réforme , il osa s'indi-
gner contre les excès et fut mis en arrestation par le parti
de la Montagne , à l'époque du 31 mai 1793.

Heureusement la république était trop préoccupée pour
faire les choses en règle avec lui : elle oublia de lui couper
la tête , et cette distraction passa presque pour de la clé-
mence. Sorti de prison seulement après le 9 thermidor , il
reprit , pendant quelques années , sa première profession.
En 1800 , il s'établit à Paris et fut nommé , dix ans après ,
membre du Corps Législatif par le département du Var, qui
l'y appela de nouveau en 1811. Il prouva alors que les lettres n'isolent pas toujours la pensée du monde réel et que ,
loin de se borner à être un frivole amusement, elles four-
nissent les armes les plus puissantes dans les circonstances
solennelles de la vie. On était à la fin de 1813. L'étoile de
Napoléon pâlissait. Cet homme prodigieux à qui la France
aura l'éternelle obligation d'avoir été arrachée aux convul-
sions de l'anarchie , ne connaissait qu'une maxime de gou-
vernement : la force et l'inflexibilité. Chef militaire, sur le
trône comme à la tête des armées, il avait donné aux Français pour unique consigne : obéissance passive. Enivré de
ses succès, il s'était bercé des rêves d'une ambition sans
bornes, et sacrifiait le bonheur de son pays à de stériles

victoires. Déjà même il n'était plus vainqueur. Le Corps Législatif, jusqu'à ce moment muet ou bassement adulateur, fit un coup d'état : il nomma une commission pour examiner la situation de la France, et Raynouard en fut le rapporteur.

Aujourd'hui que l'on a permission de tout dire, et qu'abuser de la permission est à peine un tort, on ne comprend pas tout ce qu'il fallait de courage pour s'attaquer à un maître qui n'imposait pas moins par le prestige du génie que par celui de la puissance, et devant lequel se courbaient les monarques et les peuples. En entendant la voix énergique de Raynouard, la France fut frappée d'étonnement, Napoléon de fureur et d'épouvante : un simple avocat venait de prononcer sa déchéance.

Membre, quelques mois plus tard, de la Chambre des Députés, créée par la charte de Louis XVIII, Raynouard se fit encore remarquer par l'indépendance de ses opinions, et défendit avec chaleur la liberté de la presse si long-temps captive et qu'on voulait enchaîner en fait, après avoir reconnu ses droits en théorie. Reélu député pendant les Cent-Jours, il n'accepta point ce mandat, et renonça à la politique pour se vouer entièrement à ses occupations chéries.

C'est principalement sous ce rapport qu'il nous appartient.

Raynouard, littérateur, peut être considéré comme poète et comme érudit. La poésie, qui exige la jeunesse du cœur et de l'imagination, eut ses premiers hommages ; l'érudition avec ses jouissances plus modestes et plus calmes, charma son âge mûr et sa vieillesse.

La critique régnante affectant des dédains superbes et

persuadée que toutes les gloires intellectuelles de la France
sont nées avec elle, a rejeté au plus bas degré la littérature de l'empire. Enfant ingrat qui renie sa mère, elle lui
conteste ses titres les plus notoires. Il est certain que la
grande poésie, la poésie inspirée et créatrice devait se trouver mal à l'aise sous la discipline qui régissait à la fois la
vieille-garde et le Parnasse. L'imitation froide et étroite des
modèles classiques, la manie des descriptions énigmati-
ques, l'amour de la tirade et de l'allusion, les subtilités
d'une versification ayant en horreur le mot propre et la
pensée native, étaient peu propres à enfanter des idées
originales, à donner des émotions fortes et intimes. Toutefois une époque qui a vu briller Châteaubriand et Millevoye,
n'était pas dénuée de poètes; et, si à côté de ces auteurs
éminens, on n'aperçoit point de talens du premier ordre,
on rencontre bon nombre d'écrivains sages et purs, pleins
de finesse et de sagacité, et qui avaient conservé les traditions précieuses de ce naturel et de cette clarté auxquels on
revient avec délices, quand on peut échapper au contor-
sions et aux *ténèbres visibles* du style à la mode.

Ces qualités se remarquent dans les premières produc-
tions de Raynouard. *Socrate au temple d'Aglaure*, les réunit,
quoiqu'elles soient gâtées, jusqu'à un certain point, par ce
ton sentencieux et cette tendance dogmatique que l'Empire
avait hérités du dix-huitième siècle. L'art n'est-il qu'une
forme qui couvre tout, jusqu'à la niaiserie ou l'immoralité
du sujet? La poésie, au contraire, n'est-elle qu'un moyen
d'enseignement? Ces deux problèmes ainsi posés ne provo-
queront qu'une solution incomplète. En les mariant, il est
peut-être possible de trouver la vérité : la poésie est une
draperie magnifique, jetée sur les objets dont elle accuse

les contours avec fidélité, qu'ils soient nobles, gracieux, vulgaires ou incorrects. C'est une forme qui se ressent de la beauté ou du vice du fonds ; mais si la poésie a un but d'utilité, c'est par les sentimens qu'elle fait naître plutôt que par une prédication pédantesque et directe.

L'oubli de cette règle du bon sens est plus choquant au théâtre que partout ailleurs, parce que le théâtre est l'arène des passions violentes et exaltées, et que la passion est illogique de sa nature. La tragédie des *Templiers,* si attendrissante dans certaines scènes, le serait bien davantage si l'auteur l'avait purgée des traits d'une philosophie qui n'est d'ailleurs qu'un anachronisme. Mais on n'est pas impunément licencié ès-lois d'abord, puis disciple de Voltaire.

Faire pleurer sans amour, presque sans femmes, paraissait un prodige. Geoffroi, à qui l'on avait abandonné la comédie française, l'opéra, le vaudeville, le théâtre en un mot, pourvu qu'il respectât le théâtral monarque, fit des *Templiers* une critique sévère et juste à bien des égards, malgré l'acrimonie du langage. Il lui reprocha des rôles inutiles , des lenteurs, des sentimens faux et exagérés, un style souvent sec et pénible. Mais le dévouement du jeune Marigny, mais la majestueuse résignation du grand-maître, quelques beautés mâles et vraies ont obtenu grâce pour la plupart de ces défauts. Les *Templiers* furent applaudis avec enthousiasme, et l'institut demanda même pour cet ouvrage un des grands prix décennaux, munificences impériales toujours ajournées et emportées enfin par le flot qui alla blanchir le rocher de Ste.-Hélène.

Les *États de Blois,* autre tragédie, n'eurent pas autant de succès et méritaient réellement moins de faveur. Quant au drame de *Caton d'Utique,* antérieur aux deux que je viens de signaler, l'auteur ne le destinait pas à la scène et se borna à le faire imprimer à quarante exemplaires. Adisson n'avait tiré de ce sujet qu'un traité de philosophie dialogué en vers bien frappés : au fait, un suicide raisonné et raisonneur, un suicide de par Platon, tout divin qu'il est, peut-il suffire à la tragédie ?

Raynouard, occupant à l'académie française le fauteuil de Pindare-Lebrun, avait contracté l'obligation de composer aussi des odes, et lut, dans les séances publiques de l'institut, des fragmens d'un poème de *Machabée.* Comme dans tous ses ouvrages en vers, on y trouve des traits de vigueur et d'élévation, sans se dissimuler la raideur et la sécheresse de l'ensemble.

Geoffroi, le terrible Geoffroi, en critiquant les *Templiers*, avait soutenu que ces chevaliers méritaient leur sort par leur dépravation, leur impiété et leur insolence. Cette censure enrôla Raynouard dans les rangs des érudits et le rappela peut-être à sa véritable vocation.

Animé du désir de réhabiliter ses héros, il fit de nombreuses recherches et publia une dissertation historique, afin d'établir leur innocence, dont ne conviennent pas pourtant des savans habiles, tels que MM. W.-F. Wilcke, De Hammer et Napione.

En 1829, peu avant la chute des Bourbons de la branche aînée, il était souvent question, parmi les publicistes, des libertés communales que pouvaient réclamer les Français. Raynouard appuya sur l'histoire cette question de droit public et fit voir que le régime municipal, distinct toutefois des institutions de communes, existait en France de toute ancienneté, et que ce patrimoine des citoyens, sous la domination romaine, transmis d'âge en âge aux habitans des cités, fut reconnu et respecté par les princes des trois dynasties. Ce livre, où se révélait une connaissance approfondie des monumens du moyen âge, et terminé par une éloquente péroraison aux héritiers de Hugues Capet, pour les inviter à rendre au peuple ce qui est au peuple, aurait peut-être été plus complet et plus exact dans plusieurs détails, si l'auteur, au lieu de rester étranger à la science allemande, avait consulté les trésors dont elle abonde et entretenu quelque commerce avec Conring, Heineccius, Moeser, De Savigny, Eichorn, Kindlinger, Mittermaier, Hüllman, J. Grimm, C.-W. Von Lancisoll, Gaupp et leurs nombreux émules ou élèves. Homme du midi, il ne croyait point que la lumière vînt du nord.

Ses travaux les plus remarquables sont précisément ceux qu'il a accumulés sur l'ancienne langue méridionale d'où sont dérivés tant d'idiomes modernes. Boileau avait daté de Villon tout ce qu'il y avait jamais eu de poésie en France : d'après sa décision suprême, avant le rimeur des *Repues franches* et du *Grand Testament*, la capacité poétique n'existait pas pour vingt millions d'individus. Il y eut bien par-ci par-là, quelques investigateurs à qui l'autorité du satirique ne ferma point les yeux ; Ducange, cet Hercule du savoir, La Curne de Ste-Pallaye, l'abbé Le Beuf, Caylus, La Ravalière, Barbasan, etc., savaient mieux que personne qu'avant le XVe siècle l'humanité n'avait pas été privée d'un de ses sens les plus merveilleux ; mais ils faisaient peu d'adeptes. Les contemporains du puriste Urbain Domergue et les souscripteurs au *Dictionnaire de l'académie* ne pouvaient décemment s'enfoncer dans les difficultés d'une langue sans frein, sans règle, sans principes. Les estimables publications des Méon et des Roquefort n'eurent pas le privilége de triompher de ce préjugé. Raynouard vint, et, avec une sagacité admirable, il démontra que ce jargon si décrié avait une grammaire, une syntaxe, une logique, qu'il reconnaissait des lois précises et positives, et que non-seulement il pouvait suffire aux besoins pressans de la pensée, aux nécessités impérieuses de l'intelligence, mais encore à tous les caprices des imaginations les plus riches et les plus désordonnées. Généalogiste heureux du langage, l'ingénieux philologue explique, en outre, comment de la corruption progressive du latin, modifié par son contact avec les idiomes des peuples barbares, sortirent toutes les langues de l'Europe romane; mais il est probable qu'il se trompe en prétendant que, dès l'origine, on ne parla qu'une seule langue romane, celle conservée presque vierge par les Provençaux, tandis qu'il paraît plus raisonnable d'admettre que le latin subit diverses altérations, suivant les différentes contrées, et que, dès le premier moment, par exemple, il ne se transforma pas au nord, à côté des idiomes tudesques, comme dans le midi, où les traditions romaines survivaient plus fortes et plus respectées.

En d'autres termes, Raynouard accordait la priorité aux troubadours sur les trouvères. Convaincu de la frivolité de ce droit d'aînesse, nous regardons les troubadours et les trouvères comme nés à la même époque, et quant à la supériorité du talent, nous n'hésitons pas à la proclamer dans ceux qui ont créé Marot, Lafontaine, Molière et Corneille, au lieu de s'arrêter, il y a cinq siècles, à l'exemple des rivaux qu'on leur oppose.

Indépendamment des ouvrages en forme que Raynouard a composés ou laissés en portefeuille sur la langue romane et les troubadours, et qui lui ont ouvert les portes de l'académie des inscriptions, faveur qu'il se proposait de justifier d'une manière plus particulière, en publiant les inscriptions recueillies par Michel Fourmont, il avait pris position dans le *Journal des Savans.*

C'est là qu'il se plaisait à inculquer aux jeunes philologues les principes d'une saine et rigoureuse critique, et que, par des analyses substantielles et d'une extrême lucidité, il faisait l'application des idées déposées dans ses livres, ou leur donnait un développement nouveau. Consulté sur les moindres publications qui avaient pour objet la littérature française du moyen âge, attentif à guetter l'apparition de tout ce qui intéressait ses études journalières, tantôt il appréciait le caractère et amendait le texte de ces fabliaux, où éclatent la malice et le talent d'observation des Français ; tantôt il établissait en quoi, dans nos plus anciens poètes, l'assonnance différait de la rime. Les *chansons de geste*, les romans de longue haleine, auxquels les uns accordent le titre d'épopée que leur refusent résolument les autres, lui dictèrent une foule d'articles instructifs. La légende des Lorrains, reflet austrasien des *Nibelungen*, les aventures attendrissantes de Berthe-au-grand-pied, les combats de Roland, les amours de Parthenopeus de Blois et de Gérard de Nevers, tous les récits merveilleux de la chevalerie, qu'un savant italien, M. Ferrario, a résumés avec tant de soin et de scrupule, lui suggérèrent une multitude d'observations curieuses. On se rappelle encore ses articles sur les romances, les odes plutôt de Quenes de Béthune et d'Audefroy-le-Bâtard, ainsi que sur cette fable singulière du *Renard,* où l'histoire s'est mêlée à la satire, d'accord, mais qui pourtant n'est pas une his-

(14)

toire continue et réelle, sous la forme d'une allégorie (1).

Pour être moins distrait par le tumulte de Paris, Raynouard s'était retiré à Passy, mais il était toujours assidu aux séances de l'institut. Quoiqu'en haine des harangues officielles, disait-il, il eût renoncé, aux fonctions de secrétaire perpétuel de l'académie française, dans lesquelles il avait succédé à Suard, il avait conservé à l'ancien collége Mazarin une petite chambre où, en cherchant bien, on finissait par trouver, au milieu des livres et des papiers, une chaise. Ce réduit, modestement orné de quelques portraits médiocres, était à la fois son cabinet de travail et son salon de réception. Les étrangers attirés par sa renommée, les jeunes gens qui avaient besoin de ses conseils, les amis que charmaient son caractère et sa conversation, y arrivaient à la file par un escalier tortueux et obscur. Raynouard les accueillait avec une politesse brusque et cordiale. Il faut se le représenter tel qu'il était dans les dernières années de sa vie: un petit vieillard à l'œil vif et pénétrant, bouillant comme un jeune homme, et n'ayant nul souci de poser aux regards du public. Son habit noir toujours propre, mais de forme inélégante, ses souliers, ses bas bleus et ses culottes, oui ses culottes, lui donnaient l'apparence d'un campagnard. Bientôt sa verve s'échauffait, sa parole incisive et fortement accentuée abordait avec feu tous les sujets; il étonnait par la sûreté et la variété de son savoir, il plaisait par sa franchise quoiqu'un peu sévère. L'homme qui avait osé dire la vérité au maître du monde,

(1) Qu'on me pardonne d'ajouter que Raynouard a inséré dans le *Journal des Savans*, du mois d'octobre 1834, un extrait de mon *Histoire de l'ordre de la Toison-d'Or*. Cet article a été tiré à part.

n'était pas d'humeur à la cacher à des gens de lettres. Cependant cette franchise n'avait rien de commun avec l'amertume de cœur qui se donne les honneurs de la sincérité pour avoir le droit de blesser ouvertement tout le monde ; les plus grandes malices de Raynouard décelaient un fond inépuisable de bienveillance et de bonté, et j'insisterai sur ce dernier point. La bonté en effet, est la parure du talent qui lui doit, j'ose l'assurer, ses inspirations les plus heureuses. La bonté est la grâce de l'âme, et l'on se souvient des vers charmans d'Andrieux :

> L'esprit et les talens font bien,
> Mais sans les grâces, ce n'est rien.

(Extrait de l'*Annuaire de l'Académie royale de Bruxelles pour* 1839).